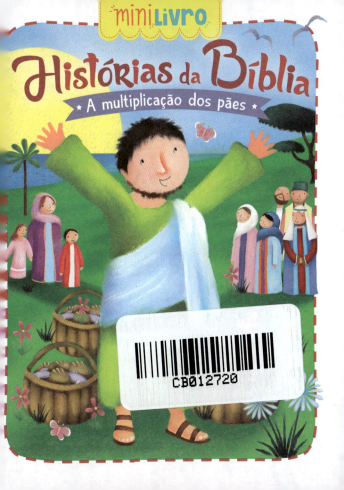

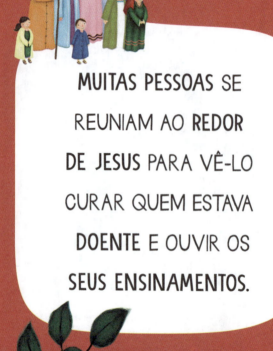

MUITAS PESSOAS SE REUNIAM AO **REDOR DE JESUS** PARA VÊ-LO CURAR QUEM ESTAVA **DOENTE** E OUVIR OS SEUS ENSINAMENTOS.

CERTA VEZ, AO FINAL DO DIA, OS DISCÍPULOS DISSERAM A **JESUS** QUE SERIA MELHOR DESPEDIR-SE DAQUELA **MULTIDÃO**, PARA QUE PUDESSEM ENCONTRAR ALGO PARA **COMER**.

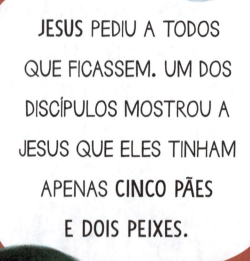

JESUS PEDIU A TODOS QUE FICASSEM. UM DOS DISCÍPULOS MOSTROU A JESUS QUE ELES TINHAM APENAS **CINCO PÃES** E DOIS PEIXES.

JESUS **AGRADECEU A DEUS** PELOS **PÃES E PEIXES** E COMEÇOU A **REPARTI-LOS,** PEDINDO AOS DISCÍPULOS QUE OS ENTREGASSEM ÀS PESSOAS.

ATIVIDADE

CONTE OS CESTOS DE PÃES E ASSINALE O NÚMERO CORRESPONDENTE.

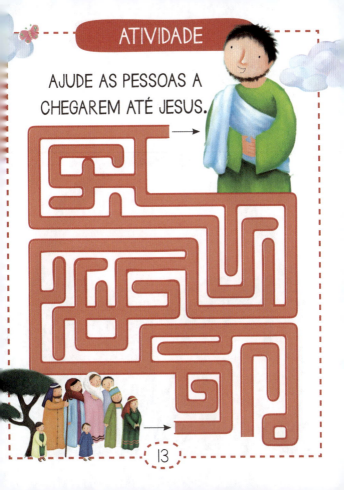

ATIVIDADE

DESENHE PÃES E PEIXES DE ACORDO COM A QUANTIDADE.

5 PÃES 2 PEIXES

ATIVIDADE

ENCONTRE JESUS ENTRE OS DISCÍPULOS E CIRCULE-O.

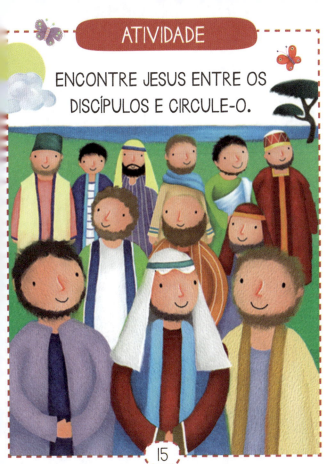

RESPOSTAS

PÁGINA 12

PÁGINA 13

PÁGINA 14

PÁGINA 15